ANSELM GRÜN

Das Glück der Lebensfreude

ANSELM GRÜN

Das Glück der Lebensfreude

HERDER

FREIBURG · BASEL · WIEN

Freude kann man nicht befehlen. Sie ist Ausdruck erfüllten Lebens. Wir können nicht die Freude an sich anstreben, wohl aber versuchen, unser Leben mit allen Sinnen zu leben. Dann werden wir mit der Freude in Berührung kommen, die längst schon in uns ist. Je bewusster wir leben, desto mehr werden wir Freude in uns spüren. In uns allen liegt auf dem Grund unserer Seele Freude bereit, auch wenn wir nicht immer Zugang zu ihr haben. Die Freude in

uns weitet unser Herz. Und es ist heilsam für unser ganzes Leben, wenn die Freude den Raum in uns einnimmt, der ihr eigentlich zukommt.

Wenn wir Freude spüren, geht uns vieles leichter von der Hand. Dann bekommt unser Leben einen anderen Geschmack.

Es gibt viele Wege, um mit der eigenen Freude in Berührung zu kommen. Ein Weg wäre, eigene Kinderbilder anzuschauen. Oft werden wir einen ursprünglichen Ausdruck von Freude in unseren Gesichtern wahrnehmen. Oder wir können – wie die Psychologin Verena Kast vorschlägt – eine Freudenbiografie schreiben. Wir können uns an alle Situationen erinnern, in denen wir uns gefreut haben. Der eine mag sich an die Vorfreude auf Weihnachten erinnern und an die Freude, wenn er als Kind das Zimmer mit dem leuchtenden Christbaum betreten hat. Eine andere erinnert sich an die Freude, wenn der Vater Zeit für sie hatte und mit ihr gespielt hat.

Es weckt die Freude, wenn wir uns an Situationen erinnern, in denen wir uns gefreut haben.

Jeder Tag bietet viele Gelegenheiten, sich zu freuen. Wir können uns freuen, wenn wir morgens aufstehen und wissen, dass wir heute in unserer Arbeit etwas Sinnvolles leisten können. Wir können uns über die aufgehende Sonne freuen, über den aufkeimenden Frühling, über den hellen Sommermorgen. Es ist ein Grund zur Freude, wenn wir durch duftende Felder gehen, den Geruch von Heu einatmen, der uns intensiv an Ferienausflüge in der Kindheit erinnern. Begegnungen können Freude auslösen, wenn wir uns einfach auf den anderen einlassen und ganz bei ihm sind. Der freundliche Blick der Verkäuferin, das aufmunternde Wort eines Freundes, ein sehnlichst erwarteter Brief, der heute ankommt – all das sind Anlässe zur Freude.

Freude kann sich einstellen, wenn wir dafür offen sind, das, was wir erleben, intensiv wahrzunehmen.

Manche Menschen wandern durch die schönste Landschaft und hegen dabei doch mürrische Gedanken. Damit verbauen sie sich die Freude selbst. Die Befähigung zur Freude trägt jeder Mensch in sich. Aber ob wir uns öffnen für die Freude oder ob wir in unseren übertriebenen Erwartungen ans Leben hängen bleiben und traurig sind, dass sie sich nicht erfüllen, das ist ganz allein unsere Entscheidung. Wir müssen uns für die Freude entscheiden; von alleine tritt sie nicht ein. Doch auch wenn wir uns für die Freude entscheiden, können wir sie nicht machen. Wir können nur offener und dankbarer die Welt um uns herum wahrnehmen.

Wenn wir aufmerksam und offen sind für die Welt, werden wir die vielen Freuden entdecken, die jeder Tag für uns bereithält.

Freude sei eine gehobene Emotion, sagt Verena Kast. Sie tut der Seele gut. Sie macht die Seele weit, beschwingt, lässt das Leben leichter werden. Freude verbindet uns mit anderen Menschen. Freude drängt danach, sie mit anderen zu teilen. »Geteilte Freude ist doppelte Freude«, sagt das Sprichwort. Freude schafft Beziehung, schenkt Lebendigkeit. Freude stärkt die Gesundheit. Das wussten schon die Weisen des Alten Testaments: »Ein frohes Herz tut dem Leib wohl, ein bedrücktes Gemüt lässt die Glieder verdorren« (Sprüche 17,22). Wer bekümmert und sorgenvoll zu Bett geht, den quälen die Sorgen oft noch während des Schlafs.

»Der Schlaf des Fröhlichen wirkt wie eine Mahlzeit, das Essen schlägt gut bei ihm an« (Sirach 30,25).

Über ein gutes Gespräch können wir uns ebenso freuen wie über eine schöne Landschaft. Freude, die unabhängig ist von äußeren Umständen, ist Freude über uns selbst. Wenn wir das Geheimnis unseres Lebens bedenken, unsere Einmaligkeit und Einzigartigkeit, wenn wir wahrnehmen, was uns geschenkt ist an Gaben und Fähigkeiten, dann haben wir genügend Grund zur Freude. Wir freuen uns an unserem Leib, über die Hände, die so schnell schreiben können, die aber auch zärtlich und einfühlsam sind. Ich freue mich,

wenn ich in einer Gebetsgebärde mit meinen Händen Gottes Nähe spüre.

Hildegard von Bingen lässt die Seele zu den Gliedern des Körpers sprechen: »Wie freue ich mich von Herzen, dass ich in euch gesandt ward.«

Der griechische Philosoph Plotin schämte sich, einen Leib zu haben, der ihn begrenzt und hinderlich ist. Ganz anders lädt Hildegard von Bingen dazu ein, unseren Leib zu lieben und uns an ihm zu freuen. Nahrung kann diese innere Freude stärken. Wir können uns für die Freude öffnen. Aber diese Freude braucht durchaus auch Disziplin. Disziplin besteht für Hildegard in der Kunst, sich immer freuen zu können. Wenn jemand ein Stück Torte bewusst genießt, spürt er Freude. Wenn er aber vier Stücke in sich hineinschlingt, ärgert er sich nachher über sich selbst.

Zur Freude ist die Fähigkeit nötig, sich zu begrenzen und sich ganz auf das einzulassen, was gerade ist.

Wir können uns freuen an dem, was wir tun. Wenn uns etwas leicht von der Hand geht, löst das Freude in uns aus. Auch wenn uns etwas glückt und wir Erfolg haben, kommt Freude auf. Manche Menschen meinen, das widerspreche der Demut und Bescheidenheit. Sie verstehen nicht, was Demut eigentlich bedeutet. Ein demütiger Mensch weiß, dass er sich nicht von seinem Erfolg her definiert und dass er den Erfolg auch nicht festhalten kann. Aber weil er um die Relativität des Erfolgs weiß, kann er sich über ihn freuen. Wenn wir uns etwa über ein gut verlaufendes Gespräch freuen, ist es für uns nicht anstrengend.

Freude ist ein Gefühl, in dem wir ganz bei uns sind. Zugleich lassen wir uns in der Freude ganz auf den andern und den Augenblick ein.

Menschen, die nur um sich selbst kreisen, empfinden jedes Gespräch als zu viel. Sie fühlen sich angestrengt. Freude hingegen lässt die Arbeit fließen. Sie ist eine gute Quelle, aus der wir schöpfen können, ohne erschöpft zu werden. Manchen Menschen merkt man es an, dass ihnen die Arbeit Spaß macht. Sie fühlen sich nicht gestresst oder erschöpft, denken bei der Arbeit nicht ständig an den Feierabend, sind ganz bei der Arbeit, lassen sich darauf ein und empfinden Freude dabei. Wer Arbeit als Gegensatz zur Freude sieht, vergeudet einen Großteil seines Lebens mit negativen Gefühlen.

Es ist eine Kunst, sich auf die Arbeit zu freuen und sie selbst als Freude zu erleben.

Es ist nicht viel nötig, um sich freuen zu können. Es genügt, ganz im Augenblick zu sein. Wenn wir versuchen, ganz gegenwärtig zu sein, dann freuen wir uns einfach am Leben. Wir sind, also freuen wir uns. Wir können unseren Atem als Freude erleben. Im Atem atmen wir dann Freude ein, Leben, Liebe. Klarheit, Frische. Wir genießen es, jetzt nichts tun zu müssen. Wir können dasitzen, atmen, schauen, hören, riechen. Dann sind wir im Einklang mit uns selbst. Es sind keine Geschenke von außen nötig. Allein die Bereitschaft, uns jetzt gerade auf diesen Augenblick einzulassen, genügt, um Freude zu erfahren.

Es erfordert Übung, um alle Sorgen loszulassen, sich von allen Grübeleien zu verabschieden, um ganz in diesem Augenblick zu sein.

Ich hatte einen Mitbruder, der mit 92 Jahren gestorben ist. Bis ins hohe Alter hinein ging er zu jedem Mitbruder, der Namenstag feierte, und spielte ihm mit seiner Trompete ein Ständchen vor. Als er mir an meinem Namenstag nicht nur mit der Trompete vorspielte, sondern mit seinen 87 Jahren auch zur Mundharmonika tanzte und mir ein Gedicht vortrug, das er selbst aufgeschrieben hatte, meinte er, als ich mich bei ihm bedankte, es sei doch das Schönste, einem anderen Menschen Freude zu machen. Indem er Freude bereitete, ließ er auch im Alter die Freude nie ausgehen.

Wir sollten nicht immer auf andere warten und sie verantwortlich machen für unsere Freude oder Trauer. Wir können selbst anderen eine Freude machen und dadurch unsere eigene Freude verstärken.

Nach einer gemeinsamen Geburtstags- oder Namenstagsfeier schwärmen manche Menschen: Das war heute so richtig schön. Wenn Menschen sich aneinander freuen können, wenn sie sich gerne, geistreiche und auch witzig miteinander unterhalten, wenn sie gemeinsam feiern, erfreuen sie sich gegenseitig. Die Bedingung, dass solche Freude entstehen kann, ist die Dankbarkeit für jeden, der mitfeiert. Wenn wir uns nur selbst in den Mittelpunkt stellen, werden wir wenig Freude erzeugen. Freude braucht den Austausch, die Achtung und die Bereitschaft, jeden gelten zu lassen.

Wenn alle sich einbringen können, ist das Miteinander eine unerschöpfliche Quelle der Freude.

Nie Natur ist eine besondere Quelle der Freude. Im Alten Testament erzählt ein Beter in Psalm 104 voller Freude, was er beobachtet. Er freut sich darüber, dass Gott die Quellen hervorsprudeln lässt, aus denen die Wildesel ihren Durst stillen. Voller Freude beschreibt er die Vögel des Himmels, deren Gesang aus den Zweigen erklingt. Er preist Gott, dass er dem Menschen den Wein schenkt, »der das Herz des Menschen erfreut« (Psalm 104,15). Er beendet sein Gedicht mit den Worten: »Möge ihm mein Dichten gefallen. Ich will mich freuen am Herrn« (Psalm 104,34). Die Freude an der Schöpfung ist für ihn zugleich die Freude über den Schöpfer.

Die Schöpfung ist voller Lebensfreude. Wenn wir sie nur mit offenen Augen und dankbarem Herzen bestaunen, erkennen wir diese Freude und werden Teil von ihr.

Das deutsche Wort Freude kommt von einer Wurzel, die »erregt, bewegt, lebhaft, schnell« bedeutet. Freude lässt den Puls schneller schlagen. Sie bringt die Energie im Menschen zum Fließen. Mit Freude geht alles schneller von der Hand. Freude schenkt dem Leben Leichtigkeit. Sie nimmt ihm das Angestrengte und Überfordernde. Wenn wir aus der Lebensfreude heraus wirken, gelingt uns mehr. Alles fällt uns leicht. Die Erdenschwere schwindet. Die Freude drängt dazu, etwas anzupacken. Sie ist eine wichtige Triebfeder der Kreativität. Das hat schon Friedrich Schiller in seiner berühmten Ode an die Freude so gesehen.

Freude heißt die starke Feder
in der ewigen Natur.
Freude, Freude treibt die Räder
in der großen Weltenuhr.

Die Menschen des Alten Testaments der Bibel sehen in Gott die tiefste und zugleich zuverlässigste Quelle ihrer Freude. Ein Psalmist nennt Gott den »Gott meiner Freude« (Psalm 43,4). Sein Gottesbild war weit entfernt von dem Angst machenden Bild, das manche heute noch in ihrer Seele tragen. Nein, Gott ist Grund der Freude. Gott zu preisen erfreute das Herz der frommen Juden. Zugleich wussten sie, dass Gott alle Tränen abwischen und uns immer wieder mit Freude erfüllen wird. Gott ist der Garant, dass wir uns immer wieder freuen dürfen. Diese Sicht ist keine euphorische Spiritualität, die Trauer ausschließt.

Die Bibel erzählt auch von Menschen, die sich den negativen Erfahrungen ihres Lebens gestellt und dabei erfahren haben, dass Gott ihre Trauer in Tanz zu wandeln vermag.

Bei seinen Abschiedsworten spricht Jesus einen denkwürdigen Satz zu seinen Jüngern: »Dies habe ich euch gesagt, damit meine Freude in euch ist und damit eure Freude vollkommen wird« (Johannes 15,11). Wahrscheinlich löste nicht nur der Inhalt seiner Worte Freude aus, sondern auch die Art und Weise, wie Jesus gesprochen hat. Seine Stimme vermittelte die Stimmung der Freude. Offensichtlich ging

von ihm etwas aus, das die Menschen mit der Freude in Berührung gebracht hat, die auf dem Grund ihres Herzens immer schon bereitlag.

Jesus vermittelt mit seinen Worten seine eigene freudige Gestimmtheit.

Mit manchen Menschen unterhalten wir uns gerne. Von Ihrer Stimme und von ihren Worten geht etwas Angenehmes aus. Bei anderen dagegen fühlen wir uns unwohl und spüren etwas Aggressives und Unzufriedenes aus ihnen heraus, selbst wenn sie sich bemühen, ihre Stimme zu verändern, um in anderen Freude hervorzurufen. Bei manchen alten Weisen spüren wir, dass jedes Wort aus ihrem Mund uns mit unserer eigenen Freude in Berührung bringt. Sie haben die Licht- und Schattenseiten des Lebens durchlebt. Jetzt geht von ihnen etwas aus, das unsere Freude »anfüllt«, wie es im Griechischen manchmal heißt.

Im Gespräch mit weisen Menschen haben wir teil an ihrer Freude. Wir können die Freude als Essenz ihres langen Lebens spüren. Das füllt unsere Freude, die durch Enttäuschungen oft in uns versickert ist, wieder an.

Sich an äußeren Dingen zu erfreuen ist durchaus eine Kunst. Denn manche Menschen können sich in der schönsten Gegend und trotz des besten Wetters nicht freuen. Sie sind so sehr mit sich und ihren Problemen beschäftigt, dass sie den Blick für die schönen Dinge um sie herum verloren haben. Es gehört Offenheit dazu, sich an der Rose, am Lächeln eines Kindes, an der Güte eines alten Menschen freuen zu können. Und es gehört die Fähigkeit dazu, mit allen Sinnen im Augenblick zu leben. Freude kann von allen Sinnen ausgehen: über das Schauen, über das Hören, das Riechen, über das Schmecken und das Tasten.

Wir freuen uns über eine besonders schöne Musik, wenn wir einen Sonnenuntergang betrachten oder köstlichen Wein trinken. Die Freude darüber wird aber erst vollständig durch die Kunst, ganz in dem zu sein, was wir gerade spüren.

Die Freude an äußeren Dingen kann uns genommen werden, wenn sie sich uns entziehen, wenn das Wetter umschlägt, wenn der Erfolg zum Misserfolg wird. Wahre Freude ist jedoch unzerstörbar. Es ist eine Freude, die uns niemand nehmen kann. Gregor von Nyssa (4. Jahrhundert) sprach von der unzerstörbaren, unbegrenzten und immerwährenden Freude. Sie ist nicht an das Sichtbare gebunden. Sie strömt aus tieferen Schichten der Seele. Sie ist Ausdruck einer tiefen Gotteserfahrung. Wer Gott erfährt – davon war Gregor überzeugt –, hat in sich eine Freude, die durch äußere Leiderfahrungen zwar überdeckt, aber letztlich nicht genommen werden kann. Das ist eine göttliche Freude.

Paulus hat diese Freude sogar im Gefängnis erfahren, in dem er jeden Tag mit der Hinrichtung rechnen musste. Er hatte in sich diese unzerstörbare Freude, weil er sich in Christus gegründet wusste.

Von der inneren Freude sprechen auch die Märchen. Hans im Glück freut sich zunächst über den Goldklumpen, den er als Lohn für seine Arbeit bekommt. Doch dann wird ihm das Gold beschwerlich. Er freut sich über das Pferd, auf dem er so leicht dahinreiten kann. Doch schließlich fasziniert ihn die Kuh, die ihm Milch gibt. Er tauscht das Pferd gegen die Kuh und die gegen ein Schwein und schließlich gegen eine Gans. Die Gans tauscht er gegen drei Wetzsteine, die ihm ein Scherenschleifer gibt. Als sie ihm ins Wasser fallen, fühlt er sich erst richtig frei. »So wahr Gott über mir lebt, bis heute hat es wohl keinen glücklicheren Menschen, als ich bin, gegeben.« Jetzt freut er sich einfach an seinem Dasein.

Die Lebendigkeit, die Menschen spüren, wenn sie offen sind für den Augenblick, genügt ihnen zu ihrer Freude.

Johann Wolfgang von Goethe wusste es aus eigener Erfahrung: »Die beste Freude ist das Wohnen in sich selbst.« Wenn wir bei uns selbst zu Hause sind, dann sind wir von Freude erfüllt. Sie ist Ausdruck bewussten, erfüllten Lebens. Wer in sich selbst wohnt, entdeckt im innersten Raum seines Lebenshauses die Freude. Sie ist immer schon in uns, selbst wenn äußere Wolken sie verdunkeln. Wenn wir uns von den Konflikten und Widrigkeiten um uns herum immer wieder in den inneren Raum unsere Seele zurückziehen, werden wir die Freude wahrnehmen. Die Mystiker sprechen vom innersten Raum der Stille.

Im innersten Raum der Stille können wir in uns den Himmel erfahren, eine himmlische Freude, wie sie im fröhlichen Gesang der Engel zum Ausdruck kommt.

www.herder.de

Überarbeitete Neuausgabe des gleichnamigen, 2005 im Verlag Herder erschienenen Titels.

Gesamtgestaltung, Satz und Bildredaktion:
Christina Kölsch, www.christinakoelsch.de

Fotografie Einband: frenta/stock.adobe.com
Fotografien Innenteil: S. 4/5: John Smith/stock.adobe.com; S. 7: leonidis97/stock.adobe.com; S. 8: Trutta/stock.adobe.com; S. 11: ChristArt/stock.adobe.com; S. 12: by-studio/stock.adobe.com; S. 14/15: nerudol/stock.adobe.com; S. 16: Evgenia Tiplyashina/stock.adobe.com; S. 19: James Thew/stock.adobe.com; S. 20: cristina_conti/stock.adobe.com; S. 22/23: Kisa_Markiza/stock.adobe.com; S. 25: Jürgen Fälchle/stock.adobe.com; S. 26: iStock/Getty Images/Claudiad; S. 29: Gregory Lee/stock.adobe.com; S. 30: djama/stock.adobe.com; S. 33: Jennifer/stock.adobe.com; S. 34: joerg dirmeitis/stock.adobe.com; S. 36/37: mreco/stock.adobe.com; S. 39: focus finder/stock.adobe.com; S. 40: Екатерина Переславце/stock.adobe.com; S. 43, 44: eyetronic/stock.adobe.com; S. 47: Nordreisender/stock.adobe.com

Herstellung: Graspo CZ, Zlín

Gedruckt auf umweltfreundlichem, chlorfrei gebleichtem Papier

Printed in the Czech Republic

ISBN 978-3-451-38470-7